DES BLEUS EN NOIR ET BLANC
LES BLEUS TOURNENT COSAQUES
LES BLEUS DANS LA GADOUE
LE BLANC-BEC
RUMBERLEY
DUEL DANS LA MANCHE
LES COUSINS D'EN FACE
DES BLEUS ET DES BOSSES
L'OR DU QUEBEC
ÉMEUTES À NEW YORK
LES BLEUS EN FOLIE
LA ROSE DE BANTRY
ARABESQUE
REQUIEM POUR UN BLEU
BULL RUN
LES BLEUS DE LA MARINE
LES HOMMES DE PAILLE
STARK SOUS TOUTES LES COUTURES
LES NANCY HART
LE DAVID
LA PRISON DE ROBERTSONVILLE
LA TRAQUE
CAPTAIN NEPEL
LES PLANQUÉS
PUPPET BLUES
QUI VEUT LA PEAU DU GÉNÉRAL ?
DES BLEUS ET DU BLUES
DES BLEUS DANS LE BROUILLARD
GW01607704

LES TUNIQUES BLEUES

☆☆☆☆☆☆☆☆☆☆☆☆☆☆☆☆☆☆☆☆☆☆☆☆

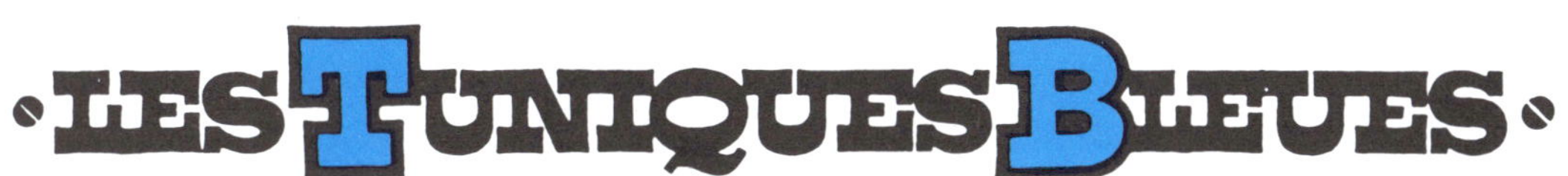

DU NORD AU SUD

☆☆☆☆☆☆☆☆☆☆☆☆☆☆☆☆☆☆☆☆☆☆☆☆

scénario : Raoul Cauvin
dessins : Louis Salvérius

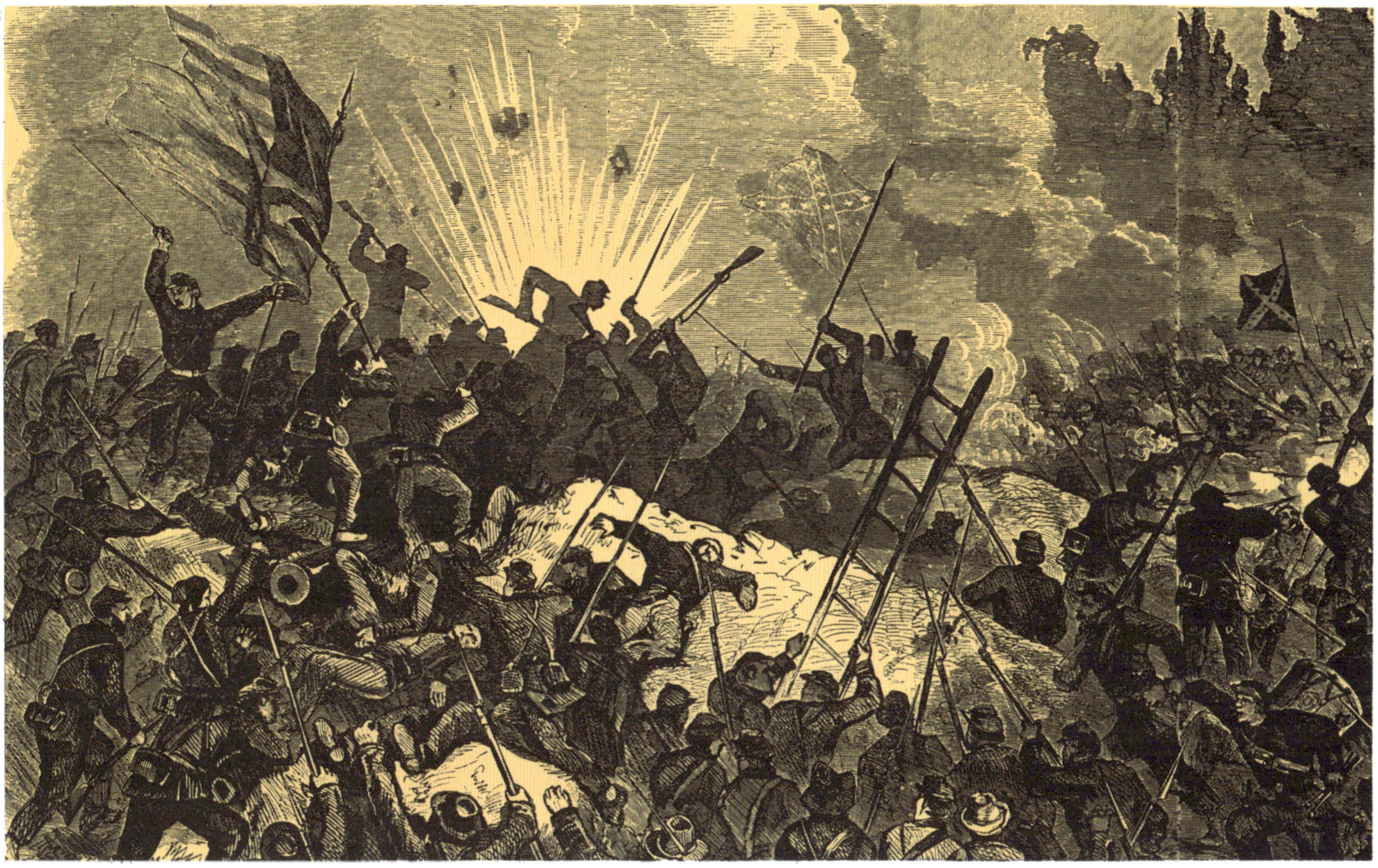

DUPUIS

D.1984/0089/192 — R.7/2009.
ISBN 978-2-8001-0859-9 — ISSN 0772-0718

Imprimé et relié par Book Partners China Ltd
www.dupuis.com

AINSI DONC, SERGENT, LA GUERRE ENTRE LE NORD ET LE SUD EST DÉCLARÉE?
HÉLAS! MON PETIT. ET NOTRE DEVOIR EST D'ALLER METTRE NOS FUSILS AU SERVICE DE LA BONNE CAUSE!
VOUS ÊTES CERTAIN QUE C'EST LA BONNE?

ON NE VOUS DEMANDE PAS VOTRE AVIS, CAPORAL BLUTCH! TOUT CE QUE VOUS AVEZ A FAIRE, C'EST DE DÉFENDRE L'UNION AU PÉRIL DE VOTRE VIE!

OUAIS? HÉ BEN, L'UNION, ELLE PEUT SE DÉFENDRE SANS MOI! PARCE QUE AU MOINDRE TERRIER DE RENARD QUE JE RENCONTRE, JE M'Y PLANQUE ET JE N'EN SORS PLUS!

RÂÂÂ! J'AURAIS VOULU NE PAS AVOIR D'OREILLES POUR ÉVITER D'ENTENDRE DE TELLES PAROLES DANS LA BOUCHE D'UN SOLDAT!
ET VOTRE KÉPI, ALORS? SUR QUOI REPOSERAIT-IL, SANS VOS FEUILLES DE CHOU?
1A

CALMEZ-VOUS, SERGENT! JE SUIS CERTAIN QU'IL DISAIT ÇA POUR RIRE!
?

QUEL IMBÉCILE! D'ABORD IL POURRA TOUJOURS SE BROSSER POUR TROUVER UN TERRIER. LES RENARDS ONT DÉSERTÉ LE CHAMP DE BATAILLE DEPUIS BELLE LURETTE!
NATURELLEMENT! ILS NE SONT PAS FOUS, EUX!

CETTE FOIS, C'EN EST TROP!
SALVÉRIUS +CAUVIN

BOUM
?
?
?
?
1B

LE CANON!
BON SANG! ON NE DOIT PLUS ÊTRE TRÈS LOIN!
HÉLAS!
BOM

TAIS-TOI, BLUTCH!
EN AVANT, LES GARS! LE GÉNÉRAL GRANT A BESOIN DE NOUS!

PAW
?

HALTE, OU JE TIRE!
LAISSE TOMBER, JOE! ILS SONT DES NÔTRES!

NON MAIS... ÇA NE VA PAS, LÀ-DEDANS? VOUS AURIEZ PU CRIER AVANT DE TIRER!
FAUT NOUS EXCUSER, SERGENT!

AVEC TOUS CES REBELLES QUI TRAÎNENT DANS LE COIN, ON EST PLUTÔT NERVEUX. PAS VRAI, WILSON?
ÇA C'EST BIEN VRAI, JOE!
BEN, TIENS! DITES-MOI, OÙ PEUT-ON TROUVER LE GÉNÉRAL?

SUR LA GAUCHE ET TOUT DROIT! VOUS FINIREZ BIEN PAR TOMBER DESSUS!
O.K.! ET MERCI POUR LA PETITE RÉCEPTION!
PAS DE QUOI!

HÉ BÉ! ON PEUT DIRE QUE ÇA COMMENCE BIEN!
LA FERME, BLUTCH! OU JE VAIS FINIR PAR EXPLOSER!
BOOM BOOM
BOOM
SALVÉRIUS + CAUVIN

NOUS Y SOMMES ! DE LA DIGNITÉ, MESSIEURS. MONTRONS À CES IDIOTS DE FANTASSINS CE QU'EST LA CAVALERIE !
?

HAHAHA !

DITES DONC, VOUS, LÀ, LE VIEUX BARBU QUI JOUE AU COMIQUE. JE VOUS DONNE TROIS SECONDES POUR NOUS CONDUIRE CHEZ LE GÉNÉRAL GRANT, SINON...
SINON ?

JE VOUS BOTTE LE TRAIN !
TROIS SECONDES ? BIEN ! UNE... BILL, MES EFFETS !
VOILÀ, MON GÉNÉRAL !
3A

DEUX... PRÉPAREZ UNE BOUTEILLE, NOUS ARRIVONS !
À VOS ORDRES, MON GÉNÉRAL !

ET TROIS ! QUELQUE CHOSE NE VA PAS, SERGENT ?
QUE... EUX... SI... NON ! HÉHÉ... MES EXCUSES, MON RÉGÉ... MON GÉRÉNAL !

TRÊVE DE PLAISANTERIES ! VENEZ, SERGENT. NOUS AVONS À DISCUTER. JE TIENS À VOUS DIRE DE SUITE QUE VOUS NE SEREZ PAS DE TROP ICI !

BEN, ET NOUS, ALORS ? QU'EST-CE QU'ON...?
PLANQUEZ-VOUS !
3B

BOUM

JE NE VOUDRAIS PAS AVOIR L'AIR DE ME MÊLER DE CE QUI NE ME REGARDE PAS, MAIS JE VOUS CONSEILLE QUAND MÊME DE TROUVER UN ABRI ! IL FAIT PLUTÔT MALSAIN, PAR ICI !
MERCI, MON VIEUX !

PENDANT CE TEMPS...
MESSIEURS, JE VOUS PRÉSENTE LE SERGENT... EUH...
CORNÉLIUS CHESTERFIELD. 22e RÉGIMENT DE CAVALERIE !
BIENVENUE, SERGENT !

MÜLLER, VEILLEZ À LUI CONFIER UN POSTE !
CERTAINEMENT, MON GÉNÉRAL !
4A

J'ESPÈRE QUE NOUS NOUS REVERRONS, SERGENT. BONSOIR !
BONSOIR, MON GÉNÉRAL !

CAVALIER, HEIN ? C'EST STARK QUI VA ÊTRE CONTENT !
STARK ?

L'OFFICIER QUI COMMANDE LA BRIGADE DE CAVALERIE, OU PLUTÔT CE QU'IL EN RESTE. POUR L'INSTANT, IL ASTICOTE LES TROUPES DE LEE...

...MAIS IL NE VA PAS TARDER À RENTRER. TIENS, À PROPOS, VOUS ÊTES VENU SEUL ?
EUH... JE... BLUTCH !!

?
OUAIP ?
4B

BANDE D'IDIOTS ! JE VOUS AVAIS POURTANT BIEN DIT : "DE LA DIGNITÉ" !
JE LA PERDS TOUJOURS FACE À UN BOULET DE CANON !

ÇA Y EST, VOILÀ STARK QUI REVIENT !
SEUL ?

NON ! IL RAMÈNE LES CHEVAUX !
HA ? MAIS... ET... ET LES CAVALIERS ?
SOUPIR. TRÈS, TRÈS GROS SOUPIR.

C'EST ENCORE RATÉ ?
OUAIP !
5A

CETTE FOIS, ILS TIRAIENT AVEC DE LA MITRAILLE... MES HOMMES SONT TOMBÉS LES UNS APRÈS LES AUTRES AVANT MÊME D'ÊTRE ARRIVÉS AU MILIEU DU PONT... PAUVRES GARS...

VOUS VOULEZ DIRE QU'ILS SONT TOUS...
ESSAYEZ UN PEU DE RESPIRER AVEC UN KILO D'ACIER ENTRE LES CÔTES, VOUS !

À PROPOS, IL FAUT QUE JE VOUS PRÉSENTE CORNÉLIUS, SERGENT AU 22e DE CAVALERIE !
QUOI ?

YIPEEE ! ON VA POUVOIR ENCORE CHARGER ! EN SELLE, LES GARS !
VOYONS, CAPITAINE, C'EST VOTRE SIXIÈME SORTIE AUJOURD'HUI ! REPOSEZ-VOUS UN PEU, QUE DIABLE !
C'EST UN MANIAQUE !
BLUTCH, ICI !
?
5B

METTEZ AU MOINS CES GARÇONS AU COURANT AVANT DE LES ENVOYER À LA MORT!
BEN TIENS!

VOUS AVEZ RAISON! EXCUSEZ MON EMPORTEMENT, MAIS CE DE CANON M'A DÉJÀ COÛTÉ TELLEMENT D'HOMMES QUE J'AI HÂTE DE LE DÉTRUIRE!
GRANT ATTEND QU'IL L'AIT DÉTRUIT POUR ATTAQUER AVEC SON INFANTERIE!

VENEZ, SERGENT! JE VAIS VOUS LE MONTRER!

VOUS AUTRES, VOUS RESTEZ LÀ, HEIN!
FAITES-NOUS CONFIANCE! ON N'EST PAS PRESSÉS!
ALORS, SERGENT?

VOILÀ, MON CAPITAINE!
IL FAUDRA FAIRE VITE! CES TIRENT SUR TOUT CE QUI BOUGE!
6A

REGARDEZ, LE VOILÀ, À L'AUTRE EXTRÉMITÉ DU PONT! DERRIÈRE LA CRÊTE SE TROUVE L'ARMÉE DE LEE! ET MAINTENANT, BAISSEZ LA TÊTE! JE CROIS QUE LES SERVANTS NOUS ONT APERÇUS!

WHEEEEEEE
BOUM
BOM

BONS ARTILLEURS, HEIN?
EUH... MON CAPITAINE, LAISSEZ-MOI EXPLIQUER ÇA À MES HOMMES! JE LES CONNAIS. SI ON LES BRUSQUE, NOUS CHARGERONS À DEUX DEMAIN!
6B

QUELQUES MINUTES PLUS TARD...
BON ! C'EST COMME VOUS VOUDREZ, SERGENT ! DEMAIN, A' L'AUBE, NOUS PASSERONS A' L'ATTAQUE !
ON NE PEUT PAS REPORTER ÇA UN PEU PLUS TARD ? HÉHÉ !
U.S. ARMY

VOUS ÊTES FOU ? GRANT ATTEND ! BONNE NUIT, SERGENT !
B...BONNE NUIT, MON CAPITAINE !

OÙ EST LE CAPITAINE STARK ?
NE ME DITES PAS QU'IL EST...
NON ! IL EST PARTI ROUPILLER ! HÉHÉ !
DÉJA' !

ET... ET LE CANON ?
QUEL CANON ? HA OUI... LE CANON♫... ÇA IRA... HÉHÉ... IL Y A DU CAFÉ ?♫

HÉLA' ! HO ! STOP ! ON A COMBIEN DE CHANCES DE S'EN TIRER ? HEIN ? HEIN ?
BEN... UNE... DEUX, PEUT-ÊTRE ! HÉHÉ !

SUR COMBIEN ?
HOULA' ! ÇA C'EST PLUS COMPLIQUÉ ! EUH... HM... HÉHÉ !

ÇA VA ! J'AI COMPRIS !
BLUTCH ! OÙ ALLEZ-VOUS ?
JE DÉSERTE !
VROUM

REVENEZ, IMBÉCILE ! OU JE VOUS FARCIS DE PLOMBS !
?

UN MANIAQUE POUR NOUS CONDUIRE A' L'ATTAQUE ET UN SADIQUE TOUJOURS PRÊT A' VOUS TIRER DANS LE DOS... BONTÉ DIVINE ! NOUS SOMMES BEAUX !

LES HEURES ONT PASSÉ...
CESSEZ DE FAIRE CES TÊTES D'ENTERREMENT ! IL SUFFIT DE TROUVER UN PLAN QUI NOUS DONNE QUELQUES CHANCES DE NOUS EN TIRER !
C'EST VITE DIT !
ON PEUT TOUJOURS ESSAYER !
HÉHÉ !

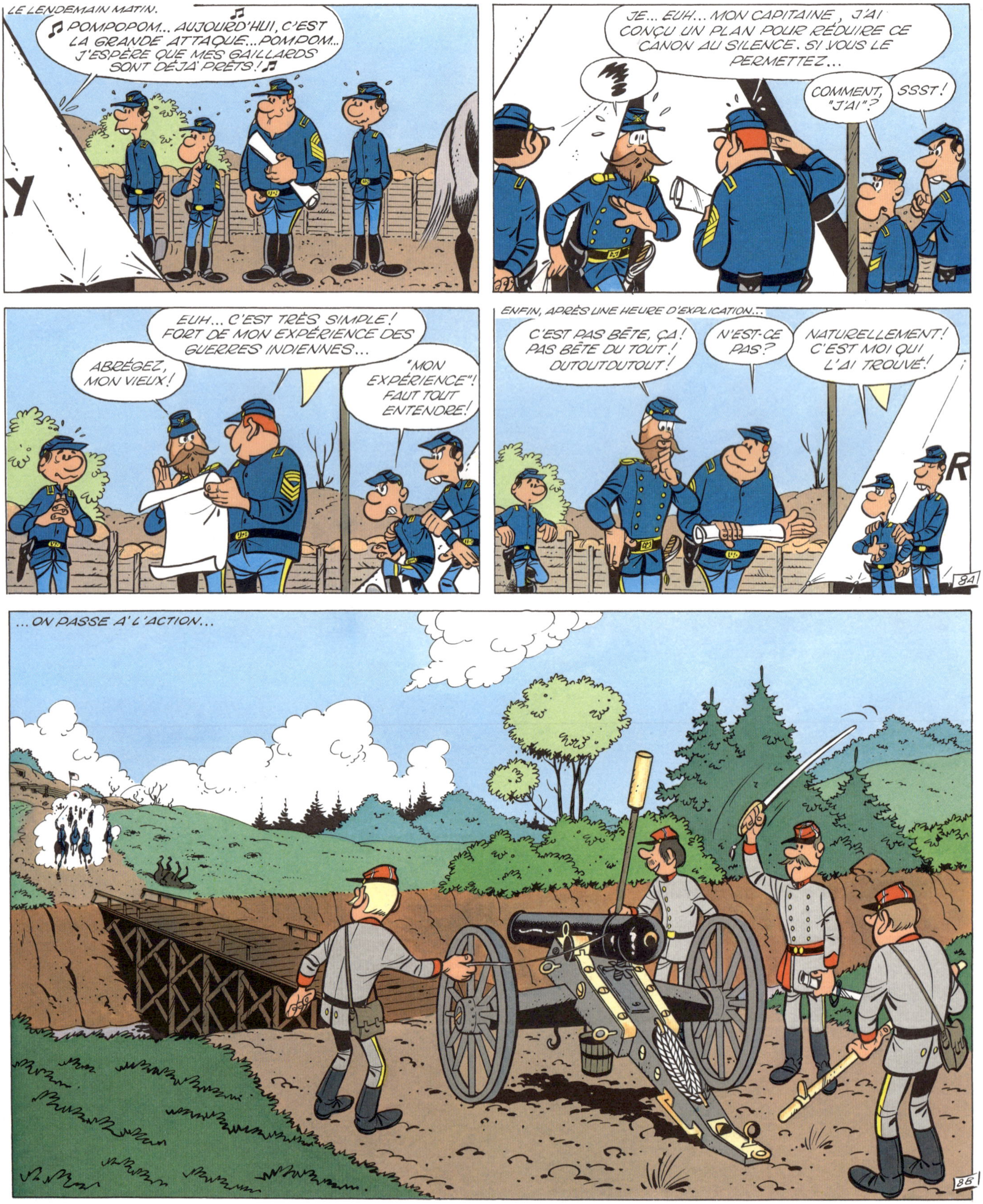

...ON PASSE À L'ACTION...

FEU!

BOUM
LE CAPITAINE VA SE FAIRE DESCENDRE!
PENSES-TU! IL N'Y A PAS UNE BALLE ASSEZ BÊTE POUR ALLER ROUILLER DANS SA CARCASSE!
SILENCE! VOUS ALLEZ NOUS FAIRE REPÉRER!
9A

FAUT TOUT ENTENDRE!
JUSQU'ICI, ÇA A L'AIR DE MARCHER!

HA! HA! HA!
MALÉDICTION! CE SONT DES MANNEQUINS DE PAILLE!
MON LIEUTENANT! DES YANKEES SUR NOTRE RIVE! VITE!

HA! HA! BIEN JOUÉ, LES GARS!
TOURNEZ LE CANON!
9B

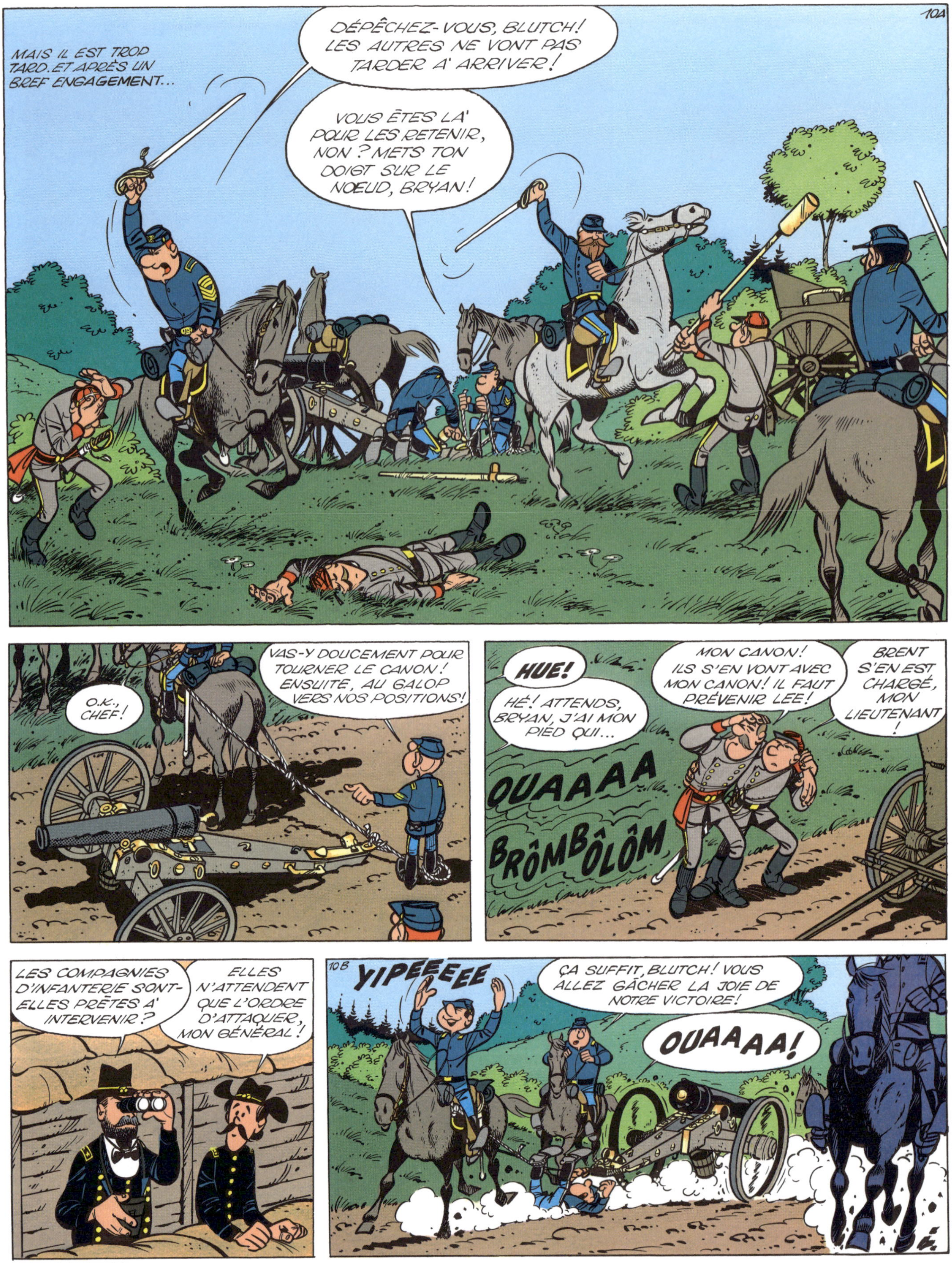

10A

MAIS IL EST TROP TARD. ET APRÈS UN BREF ENGAGEMENT...

DÉPÊCHEZ-VOUS, BLUTCH! LES AUTRES NE VONT PAS TARDER A' ARRIVER!

VOUS ÊTES LA' POUR LES RETENIR, NON ? METS TON DOIGT SUR LE NOEUD, BRYAN!

EN AVANT, LES GARS ! COMME À L'EXERCICE ! RESPECTEZ VOTRE ALIGNEMENT ! UNE... DEUX... UNE... DEUX... GAUCHE... DROITE...

PEU APRÈS, DU CÔTÉ DES SUDISTES...
MON GÉNÉRAL, L'INFANTERIE YANKEE FAIT MOUVEMENT ! PLUSIEURS COMPAGNIES ONT DÉJÀ FRANCHI LE PONT !
PARFAIT, JACKSON !

NOUS ALLONS LES RECEVOIR CHALEUREUSEMENT ! DONNEZ L'ORDRE À LA BATTERIE DE REYNOLDS DE PRENDRE POSITION COMME PRÉVU !
À VOS ORDRES, MON GÉNÉRAL !

TANDIS QUE CHEZ LES NORDISTES...
VOUS AVEZ ÉTÉ SUBLIMES, MESSIEURS ! IL PARAÎT QUE VOUS AVEZ SUBI DES PERTES ?
LE FOND DE CULOTTE DU CAPORAL BLUTCH !

JE VOUS INVITE À CONTEMPLER AVEC MOI L'ACCOMPLISSEMENT DE VOTRE ŒUVRE EN VIDANT UNE BONNE BOUTEILLE !
TAIS-TOI, BLUTCH, LE GÉNÉRAL POURRAIT T'ENTENDRE !

GRÂCE À VOUS, CE N'EST PLUS QU'UNE QUESTION D'HEURES ! À VOTRE SANTÉ !
À VOTRE SANTÉ !
BLUTCH, CHANGEZ DE PANTALON, MON VIEUX ! VOUS FRISEZ L'INDÉCENCE !
IL ME CHERCHE ! JE VOUS DIS QU'IL ME CHERCHE !
LA COMPAGNIE DE BLACKSTONE ! APPUYEZ PLUS FORT SUR CELLE DE MARTENS !
PRESSEZ LE PAS !
ALLONS, AVANCEZ, BANDE DE LAMBINS ! ALLEZ-Y GAIEMENT

AU MÊME INSTANT...
MAIS ? MAIS ?
QUELQUE CHOSE QU'hic NE VA PAS, MON GÉNÉRAL ?
BOUM BOUM BOUM

CORNES DE BOUC ! ILS BATTENT EN RETRAITE !
NON ?
SI !

MALÉDICTION ! STARK, ALLEZ VOIR CE QUI S'EST PASSÉ ! SERGENT, ALLEZ ME CHERCHER UNE AUTRE BOUTEILLE !
BOUM
BOUM

SERVEZ-VOUS AUSSI, MON VIEUX ! SI ÇA TOURNE MAL, JE SENS QUE VOUS EN AUREZ BESOIN !

PEU APRÈS...
ALORS, STARK ?
LES REBELLES ONT DÉPLOYÉ UNE BATTERIE DE HUIT PIÈCES DERRIÈRE LA CRÊTE ! ELLE DÉCIME NOS TROUPES À BOUT PORTANT !
PFF ! CE N'EST PAS UNE RAISON POUR RECULER !
BOUM BOUM BOUM

?
BIEN PARLÉ, SERGENT ! ALLEZ DONC ARRÊTER NOS TROUPES !
PRENEZ MON CHEVAL !

MOI ET MA GRANDE

DEMI-TOUR ! CONTINUEZ L'ASSAUT ! ORDRE DU GÉNÉRAL GRANT !
LA FERME, GROS PLEIN DE SOUPE !
DES SHRAPNELS ! GROUILLEZ-VOUS, LES GARS !

J'AI DIT : STOP ! BANDE DE LÂCHES ! COUARDS ! FROUSSARDS ! DEMI-TOUR !
?
?

DEMI-Tour...
HÉLA ! HO ! NOOON ! HÉ !
À LA FLOTTE !

NOONNNNN !

SACRÉ BON SANG! QUEL GÂCHIS! FILEZ DONNER L'ORDRE À LA COMPAGNIE DE RÉSERVE D'ÉTABLIR UNE LIGNE DE DÉFENSE À L'ENTRÉE DU PONT!
AH? EUH... BIEN, MON GÉNÉRAL!

VOTRE HEUREUSE INITIATIVE EST TOMBÉE À L'EAU, JE VOIS!
HÉHÉ!

ALLEZ DONC VOUS SÉCHER PRÈS DE VOS HOMMES. ET AU CAS OÙ L'ENNEMI PRENDRAIT PIED SUR CETTE RIVE, SOYEZ PRÊT À LE REPOUSSER!
À VOS ORDRES, MON GÉNÉRAL!

BLUTCH! QUITTEZ CET AIR SARCASTIQUE, OU JE
CE N'EST PAS LE MOMENT, SERGENT! GARDEZ VOTRE RANCUNE POUR CEUX D'EN FACE!

YIYIYIY
YIYIYIYIYIYI

PAW PAW PAW PAW

14

PAW PAW PAW PAW PAW PAW

AU MÊME INSTANT...
JACKSON! FAITES SONNER LA RETRAITE! NOUS NE PASSERONS PAS!
A' VOS ORDRES!

TATATARIIIIIIATATAAA!

BANDE DE LÂCHES! ILS SE REPLIENT, LES AFFREUX! HOOOUUUU! QU'ILS SONT LAIDS! BÊÊÊK!
?

VOYONS, MON CAPITAINE, ILS BATTENT EN RETRAITE, ET VOUS N'ÊTES PAS CONTENT?
ET NOTRE BELLE CHARGE? OÙ ELLE EST, NOTRE BELLE CHARGE?

BAH... CE SERA POUR UNE AUTRE FOIS! HÉHÉ!
OUAIP! ET PAS PLUS TARD QUE DEMAIN, NOUS MONTRERONS A' CES IDIOTS DE FANTASSINS COMMENT SE BAT LA CAVALERIE!
15A

DEMAIN? QU'EST... QU'EST-CE QU'ON FERA, DEMAIN?
NOUS PRENDRONS LA CRÊTE D'ASSAUT! OUAIP! COMME JE VOUS LE DIS! BONJOUR, MESSIEURS!

BLUTCH! ICI!

MAIS IL EST FOU, SERGENT! ON SE FERA MASSACRER JUSQU'AU DERNIER!
EN TOUT CAS, JE TÂCHERAI D'ÊTRE CE DERNIER POUR M'ASSURER DE VOTRE TRÉPAS!

BOM
15B

SERGENT CHESTERFIELD ! JE VOUS CHERCHE PARTOUT ! LE GÉNÉRAL GRANT VOUS DEMANDE !
J'Y 'AIS !

QUE SE PASSE-T-IL ?
BAH ! UN PETIT DUEL D'ARTILLERIE !
RATÉ ! ENCORE RATÉ !
TU LE HAIS, HEIN, BLUTCH !

HA ! C'EST VOUS. FERMEZ LA PORTE, MON VIEUX, ON NE S'ENTEND PLUS, ICI !

PRENEZ PLUTOT UN SIÈGE. J'AI À VOUS PARLER !
BOM BOM

PENDANT CE TEMPS...
JE ME DEMANDE BIEN CE QU'ILS PEUVENT SE RACONTER !
NE ME PARLEZ PAS DU SERGENT. LE BRUIT DE CES EXPLOSIONS EST PLUS DOUX À MES OREILLES QUE LE SON DE SA VOIX !
BOUM
BOUM
BOUM
BOUM
BOUM

HÉ, BRYAN ! QUEL EST LE TYPE ASSEZ FOU POUR AVOIR PLANTÉ SA TENTE LÀ !
STARK !
J'AURAIS DÛ M'EN DOUTER !
WHEEEEEE
U.S. ARMY

? ? ?

J'AI L'IMPRESSION QUE POUR UNE FOIS SA CHANCE L'A QUITTÉ!
FAUDRAIT PEUT-ÊTRE ALLER VOIR!

C'EST PAS POSSIBLE! IL Y A UN BON DIEU POUR LES SADIQUES!
LUI, AU MOINS, IL EST PRÉVOYANT!
RRRR ZZZZ

JE SAIS! JE SAIS QUE C'EST RISQUÉ! MAIS JE NE VOUS OBLIGE PAS À ACCEPTER!

JE VOIS QUE VOTRE BOUTEILLE EST VIDE. PRENEZ-EN UNE AUTRE!
M...MERCHic! MON G...GÉNÉRAL!

VOUS PROFITEREZ DE LA NUIT POUR PASSER LA RIVIÈRE...

UNE FOIS DE L'AUTRE CÔTÉ, VOUS VOUS FAUFILEZ DANS LES LIGNES ENNEMIES, JUGEZ DE LEUR FORCE, INFANTERIE, ARTILLERIE, ET TOUT, ET TOUT. ENSUITE, VOUS REVENEZ! VOUS VOYEZ... C'EST SIMPLE!
BEN TIhic. TIENS!

HM! SERIEZ-VOUS UN LÂCHE, SERGENT?
?

QU... QUOI? M... MOI... hips... UN LÂCHE! HOooooo
BOM

Z'ALLEZ VOIR ZICH JE ZUIS UN LÂCHE...
À MON AVIS, IL FAUDRAIT TROUVER UN VOLONTAIRE. UN HOMME QUI VEUILLE BIEN VOUS ACCOMPAGNER!

VOUS EN VOYEZ UN?
V...VOUhic!

TRÈS BIEN! VOUS PARTIREZ DÈS LA NUIT TOMBÉE! DIEU SOIT AVEC VOUS, SERGENT!
NO... NOON! BLUTCH! J'..J'IRAI AVEC BLUTCH! HÉ! HÉ!

BEAUCOUP PLUS TARD...
NON! JE N'IRAI PAS! PAS FOU, NON?
TU NE PEUX PAS LE LAISSER TOMBER, BLUTCH. T'AS VU DANS QUEL ÉTAT IL EST?
♫ GLORY GLORY HALLELUJAH ♫ BUT IS SOUL GOES MARCHING ON...
BEN, MON VIEUX!

DITES-MOI, ESPÈCE D'OUTRE À WHISKY, POURQUOI EST-CE MOI QUE VOUS AVEZ CHOISI?
PARCE QU'hic JE VOUS AIME BLhips!

FAUT AVOUER QU'IL A UN ARGUMENT!
COULI COULI COULI

BIEN! JE VAIS L'ACCOMPAGNER! ADIEU, LES COPAINS!
BLUTCH, T'ES UN DRÔLE DE PESSIMISTE!

TU VEUX MA PLACE?
HÉHÉ! HIPS!

OÙ TU VAS, DIS?
ALLONS-Y, POIVROT! LES BALLES N'AIMENT PAS ATTENDRE!

BLUTCH! MON PETHips... BLUTCH, OÙ TU VAS?
LUI, AU MOINS, IL NE SE RENDRA PAS COMPTE!
BON! S'AGIT DE NE PAS SE ROMPRE LE COU!

BLUTCH! TU NE M'AIMES DONC PAS? Y A-T-IL UNE BRIQUE QUI BAT SOUS TA TUNhips?
VOUS ALLEZ LA BOUCLER, OUI?

?!

PLAOUF

HÉ, VIRGILE ! T'AS ENTENDU ?
BAH ! UNE GROSSE BÊTE QUI VIENT DE PRENDRE UN BAIN FORCÉ, SANS DOUTE ! LAISSE TOMBER, RAOUL !
PLOUTCH
PLATCH

DITES DONC, SERGENT, ON DIRAIT QUE CE PLONGEON VOUS A FAIT DU BIEN !
MAIS... MAIS...

BLUTCH ! QU'EST-CE QU'ON FAIT ICI ?
ON S'APPRÊTE À TRAVERSER LA RIVIÈRE À LA NAGE. ÇA NE SE VOIT PAS ?

MAIS... JE VAIS ME FAIRE DESCENDRE !
ET MOI AUSSI ! NE L'OUBLIEZ PAS ! TOUT ÇA PARCE QUE VOUS AVEZ EU UNE PENSÉE ÉMUE POUR LE PETIT BLUTCH LORSQUE VOUS AVIEZ VOTRE BÊTE CERVEAU IMBIBÉ D'ALCOOL !
19A

ALORS, MOURIR POUR MOURIR, J'AIME AUTANT Y ALLER DE SUITE !
JE COMPRENDS, À PRÉSENT, POURQUOI IL ME FAISAIT BOIRE !

ALORS ? ON Y VA ?
UN INSTANT, BLUTCH ! JE VOUDRAIS VOUS REMERCIER D'ÊTRE LÀ !

SI J'AVAIS REFUSÉ, J'ÉTAIS BON POUR LE PELOTON D'EXÉCUTION ! ALORS, VOUS SAVEZ...
ET VOUS SERIEZ MORT TOUT SEUL...

TANDIS QU'À PRÉSENT, NOUS SERONS ENSEMBLE POUR L'ÉTERNITÉ !
À PARTIR DE MAINTENANT, JE SAIS QUE JE DOIS M'EN TIRER À TOUT PRIX !

VIRGILE ! T'AS ENTENDU ?
HO, LA BARBE ! TU VAS FINIR PAR ME FLANQUER TA FROUSSE !

CHHHT !
19B

CE N'EST PAS PARCE QUE VOUS AVEZ UNE CRAMPE QU'IL FAUT AMEUTER TOUT LE QUARTIER!
QUAND JE SOUFFRE, J'AIME QUE TOUT LE MONDE LE SACHE!

CESSE DE ME CASSER LES PIEDS ET VAS-Y VOIR!
BON! BON!

ALORS?
RIEN!
HA!

T'AS RAISON, VIRGILE! JE DOIS ÊTRE NERVEUX!
PFFFF!

SI ON VEUT ALLER DERRIÈRE LA CRÊTE, IL VA FALLOIR SE DÉBARRASSER DE CES DEUX-LÀ!
À VOUS L'HONNEUR, SERGENT!

C'EST BON! RESTEZ ICI, FROUSSARD! JE M'EN SORTIRAI BIEN TOUT SEUL!
"BLUTCH, JE VOUS AIME", QU'IL DISAIT! TU PARLES!

FAITES QUAND MÊME ATTENTION! IL Y A UN TAS DE TROUS D'OBUS QUI TRAÎNENT!
LA FERME, IDIOT!

BOM
JE L'AURAIS PARIÉ!
OUÏE!

BLUTCH, ATTENTION! LES JOHNNY REBS RAPPLIQUENT!
20B

QUELQUES INSTANTS PLUS TARD...

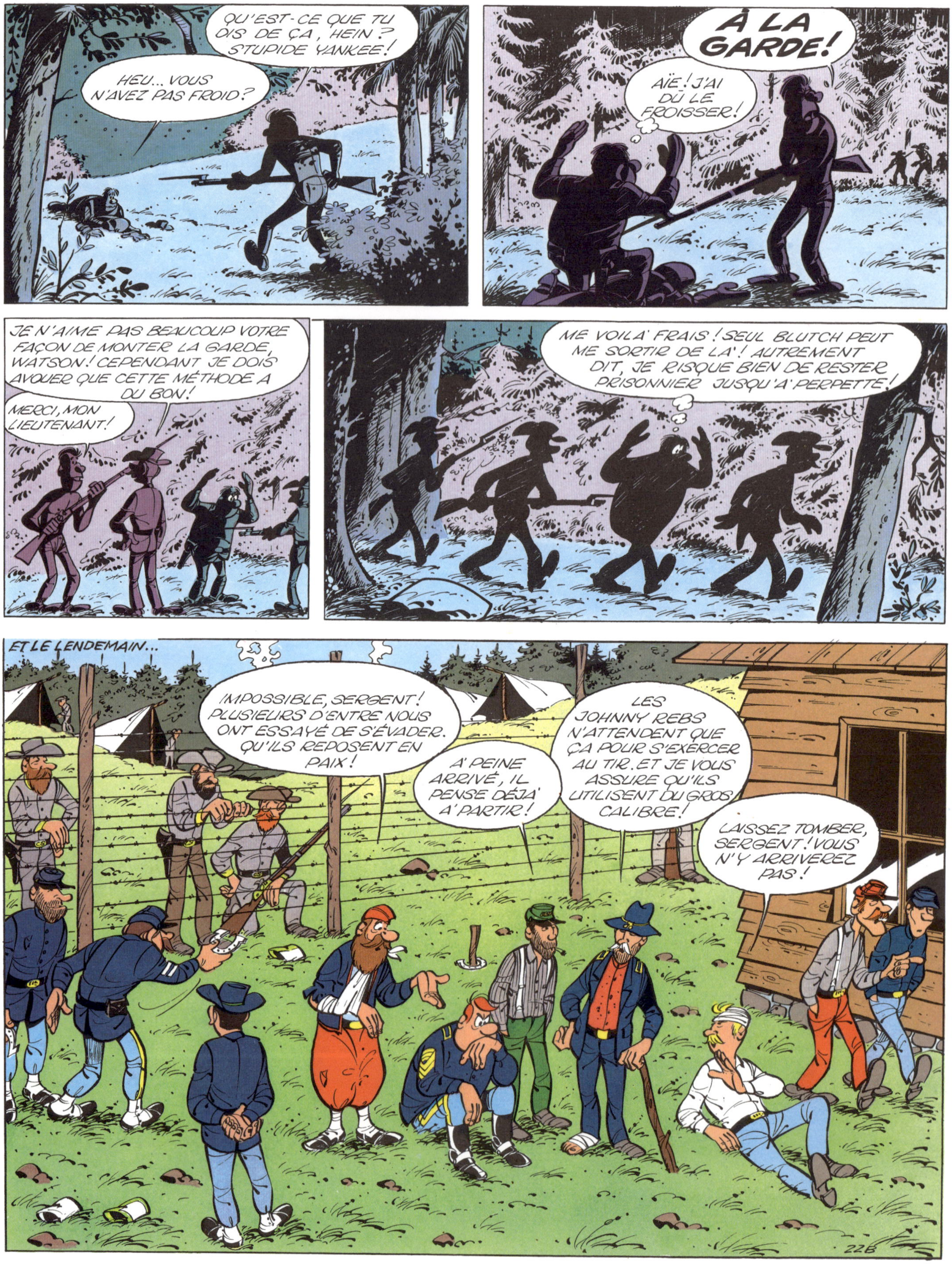

ET LE LENDEMAIN...

IMPOSSIBLE, SERGENT! PLUSIEURS D'ENTRE NOUS ONT ESSAYÉ DE S'ÉVADER. QU'ILS REPOSENT EN PAIX!

À PEINE ARRIVÉ, IL PENSE DÉJÀ À PARTIR!

LES JOHNNY REBS N'ATTENDENT QUE ÇA POUR S'EXERCER AU TIR. ET JE VOUS ASSURE QU'ILS UTILISENT DU GROS CALIBRE!

LAISSEZ TOMBER, SERGENT! VOUS N'Y ARRIVEREZ PAS!

PLUS TARD...
HÉ, TOI, LE NOUVEAU! SUIS-MOI!
QUE ME VEUT-IL, CET AFFREUX?
J'AI L'IMPRESSION QU'ILS VONT VOUS POSER UN TAS DE QUESTIONS, SERGENT!

HA, OUAIS? RIEN DU TOUT! JE NE BOUGERAI PAS D'ICI! ET TOC!

?

CHTOC

AVEC DES ARGUMENTS PAREILS, JE VOUS SUIVRAIS JUSQU'AU BOUT DU MONDE!
JE NE T'EN DEMANDE PAS TANT! HÉ, BALLOT!

...AINSI TU REFUSES DE RÉPONDRE À MES QUESTIONS?
OUAIP! INUTILE D'INSISTER! JE SERAI AUSSI MUET QUE LE POMMEAU D'UNE SELLE!

MAINTENANT QUE LA TRAHISON NORDISTE MENACE NOS DROITS... BRANDISSONS LE BEAU DRAPEAU AZUR À UNE ÉTOILE...
DITES DONC, MON VIEUX, VOUS NE POURRIEZ PAS LA FERMER? IL Y A QUELQU'UN QUI SOUFFRE, ICI!
S.C.

C'EST PAS D'MA FAUTE ! IL TE SUFFIT D'PARLER POUR AVOIR À BOIRE !
GLOPS ! JE CONNAIS UNE PAUVRE MÈRE QUI A DONNÉ NAISSANCE À UN PETIT SADIQUE !
GLOPGLOPGLOP

NATURELLEMENT, SI MONSIEUR VEUT JOUER LES DURS À CUIRE...
DUR À CUIRE ! ÇA ALORS ! VOUS AVEZ DE CES MOTS !
S.C.

SALUT ! JE VIENS PRENDRE LA RELÈVE !
BONNE IDÉE ! PAR CETTE CHALEUR, JE PRÉFÈRE ROUPILLER !
BLUTCH !

QU'ATTENDEZ-VOUS POUR ME DONNER À BOIRE ? J'AI LE GOSIER AUSSI SEC QU'UN TUYAU DE POÊLE !
CHHT !

NE COMMENCEZ PAS À CRIER, VOUS ALLEZ TOUT FAIRE RATER !
BON ! BON ! DONNEZ-MOI À BOIRE, MAINTENANT !
IMPOSSIBLE !
HEIN ?
SI ON ME VOIT, JE RISQUE UNE BALLE DANS LA PEAU !

BLUTCH, MON PETIT ! MAIS VOUS AVEZ DONC UNE BOTTINE À LA PLACE DU COEUR ? DONNEZ-MOI UN PEU D'EAU. J'AI LA LANGUE AUSSI MOLLE QU'UNE CROSSE DE FUSIL !
BON ! JE VAIS ME SACRIFIER ! OUVREZ VOTRE GRANDE BOUCHE !

HÉ, VOUS, LÀ !
AAAH !

VOUS NE SAVEZ DONC PAS QU'IL EST INTERDIT DE DONNER À BOIRE AU PRISONNIER ?
EUH... JE...

D'AILLEURS, JE VAIS ABRÉGER SES SOUFFRANCES. PUISQU'IL NE VEUT PAS PARLER, IL NE NOUS EST D'AUCUNE UTILITÉ !
CRRR

ATTENDEZ ! JE... EUH... LAISSEZ-MOI ESSAYER ! PEUT-ÊTRE QU'AVEC MOI...
ÇA M'ÉTONNERAIT ! ALLEZ-Y ! JE VOUS DONNE CINQ MINUTES, PAS PLUS !

ÉCOUTEZ, SERGENT ! IL FAUT GAGNER DU TEMPS ! RACONTEZ-LEUR N'IMPORTE QUOI, SINON VOUS ÊTES MORT !
VOUS AVEZ PEUT-ÊTRE RAISON, PETIT !

JE VAIS FAIRE SEMBLANT DE VOUS FLANQUER UNE RACLÉE. APRÈS, VOUS AVOUEREZ ! ÇA FERA PLUS VRAI !
HÉ ! HO ! SEMBLANT, HEIN !

VAS-TU PARLER, STUPIDE YANKEE ? TIENS ! ATTRAPE ! GNGNGN !
OUAAAAAAA RAAAAAAA HAAAAAA

C'EST HORRIBLE !
INHUMAIN !
IL DEVRAIT Y AVOIR DES LOIS POUR INTERDIRE ÇA !
NOOON ! ASSEZ ! JE PARLERAI ! HAAAAAAAA HAAA ! ASSEZ !
25A

FÉLICITATIONS, SOLDAT ! A DIRE VRAI, JE N'Y CROYAIS PLUS !
PFFF !
DÉTACHEZ-MOI ! MAIS DÉTACHEZ-MOI ! JE DIRAI TOUT !

DÉTACHEZ-LE ET EMMENEZ-LE CHEZ L'OFFICIER DE RENSEIGNEMENTS !
PFFF RAAA HO !
N'EN METTEZ PAS TROP, SERGENT ! IL FAUT QUE ÇA RESTE NATUREL !

JE VOUDRAIS BIEN VOUS Y VOIR, VOUS ! AVEC UNE COLONIE DE FOURMIS QUI VOUS FAIT IRRUPTION ENTRE LES OMOPLATES !!!
25B

PEU APRÈS...
JE SUIS HEUREUX POUR TOI QUE TU AIES CHANGÉ D'AVIS, BILLY YANK! IL EST REGRETTABLE D'AVOIR DÛ EMPLOYER LA FORCE POUR Y PARVENIR!
VOUS SAVEZ, IL SUFFIT D'ÊTRE GENTIL AVEC MOI!

DONNEZ-LUI À BOIRE ET RECONDUISEZ-LE AUPRÈS DES AUTRES PRISONNIERS!
À VOS ORDRES, MON CAPITAINE!

J'AI PU CONSTATER QUE LES FOURMIS AVAIENT FAIT DES RAVAGES SUR VOTRE DOS MUSCLÉ, SERGENT!
CES SALES BESTIOLES S'EN DONNAIENT À COEUR JOIE, VOUS PENSEZ BIEN!

LES PAUVRES! ELLES DOIVENT ÊTRE MORTES, À PRÉSENT!

TÂCHEZ DE NOUS FAIRE SORTIR D'ICI AU PLUS VITE, PLUTÔT QUE DE DÉBITER DES ÂNERIES!
JE REVIENDRAI CETTE NUIT!

SALUT, LES GARS!
SALUT, MOUCHARD!

MOUCHARD? MAIS... MAIS...
TE FATIGUE PAS, VA! JE TE PRENAIS POUR UN DUR, MAIS JE ME SUIS APERÇU QUE CE N'ÉTAIT PAS LE CAS!

MAIS JE VOUS JURE QUE...
TON COPAIN SUDISTE T'APPELLE!

CHHHT!

ÇA C'EST PLUS FORT QUE DE SE TALQUER LES DOIGTS DE PIED AVEC DE LA POUDRE À CANON!
26B

LE SOIR TOMBE...
FAIT CHAUD, HEIN? VA Y AVOIR DE L'ORAGE, CETTE NUIT!
T'ENTENDS, MAUVIETTE! TOI QUI T'ES MIS À TABLE POUR QUELQUES GOUTTES D'EAU, TU VAS ÊTRE SERVI!
LAISSE-LE, TEX! TU VOIS BIEN QU'IL EST RONGÉ DE REMORDS!

HEP!
HA! ENFIN!
B-2

VOICI DE QUOI COUPER LES FILS. QUAND VOUS ENTENDREZ "BOUM", FONCEZ!
BLUTCH, MON VIEUX, S'IL N'Y AVAIT PAS CES FILS, JE VOUS SERRERAIS SUR MON COEUR!
?
?

BÊÊÊK! HEUREUSEMENT QU'IL NE LES A PAS ENCORE COUPÉS!

BEAUCOUP PLUS TARD...
EXCUSEZ-MOI, SERGENT! JE NE POUVAIS PAS SAVOIR!
ÇA VA! ÇA VA! N'EN PARLONS PLUS!

ROBLOMBLOBLOM
TERMINÉ! IL N'Y A PLUS QU'À ATTENDRE LE SIGNAL!

BOUM

ALLONS-Y!
?

ALERTE!
PAN
HÉ!
PAN

NE COMPTE SURTOUT PAS ME REMETTRE EN CAGE, JOHNNY REB!
HÉ NON!
CRAC

BLUTCH! ⑥☆⚡. JE NE VOUS AVAIS PAS RECONNU!
J'EN DOUTE!

GROUILLEZ-VOUS! IL FAUT PASSER LA RIVIÈRE AVANT QU'IL NE SOIT TROP TARD!
DITES-MOI, L'EXPLOSION, C'ÉTAIT QUOI?

UN CAISSON DE MUNITIONS QUE LES ARTILLEURS AVAIENT OMIS DE SURVEILLER! IL A SUFFI D'UN RIEN POUR LE FAIRE SAUTER!
SACRÉ BLUTCH! L'AIR IDIOT, MAIS PLEIN DE RESSOURCES!

REGARDEZ, SERGENT! UNE PATROUILLE!
⑥☆⚡! IL FAUT FONCER! C'EST NOTRE SEULE CHANCE!
HÉ! POURQUOI ME REGARDEZ-VOUS COMME ÇA?

C'EST QUITTE OU DOUBLE, LES GARS ! EN TOUT CAS, MOI, JE PRENDS LE RISQUE !
EXCUSE-NOUS, MON VIEUX ! ON A EU UN RÉFLEXE À CAUSE DE TON UNIFORME !
BON ! ÇA VA ! JE SAIS CE QU'IL ME RESTE À FAIRE !

COMME ÇA, AU MOINS, J'AURAI LA PAIX !

SOUDAIN, À LA LUEUR D'UN ÉCLAIR...
TENEZ-VOUS PRÊT À OUVRIR LE FEU !

C'EST FICHU, LES GARS !

RENDEZ-VOUS !
BOM

BOUM

CE SONT LES NÔTRES QUI LEUR ONT TIRÉ DESSUS!
C'EST LE MOMENT OU JAMAIS D'EN PROFITER!

IL ÉTAIT TEMPS! EN VOILÀ D'AUTRES QUI S'AMÈNENT AU PAS DE CHARGE!

DÉPÊCHEZ-VOUS, SERGENT! TOUS LES COPAINS ONT DÉJÀ TRAVERSÉ!
MINUTE, PETIT! JUSTE LE TEMPS DE LEUR ENVOYER UN SOUVENIR!

PAN
PAN

CHARGEZ!
?

STARK!
CE AURAIT TOUT DE MÊME PU ATTENDRE QUE NOUS SOYONS PASSÉS DE L'AUTRE CÔTÉ!
BROM

SI VOUS VOULEZ MON AVIS, SERGENT, IL EST TEMPS DE METTRE LES BOUTS !
POUR UNE FOIS, JE SUIS D'ACCORD AVEC VOUS, BLUTCH !

BONG
PLOUF

PAN PAN PAN PAN PAN PAN
ICI ON SE SENT UN PEU PLUS EN SÉCURITÉ, HEIN, SERGENT !

BOM
?
?

⑥☆⚡☠!♯ J'AI ENCORE RATÉ MA CHARGE HÉROÏQUE!
NE VOUS TRACASSEZ PAS, MON CAPITAINE! IL Y EN AURA D'AUTRES!
POUR ÇA, ON PEUT LUI FAIRE CONFIANCE!

SERGENT CHESTERFIELD? ON VOUS DEMANDE À L'ÉTAT-MAJOR!
DÉJÀ? MAIS JE SORS À PEINE DE MON BAIN!

UN PEU PLUS TARD...
TOUTES MES FÉLICITATIONS POUR VOTRE AUDACIEUSE ÉVASION, SERGENT! GRÂCE À VOUS, CERTAINS DE NOS HOMMES ONT PU REGAGNER LEUR COMPAGNIE!
MERCI, MON COLONEL!

CECI DIT, LE GÉNÉRAL GRANT A DÉCIDÉ DE PROFITER DU MAUVAIS TEMPS POUR CONTOURNER L'ENNEMI ET LE PRENDRE À REVERS!
LE CONTOURNER? MAIS... COMMENT?

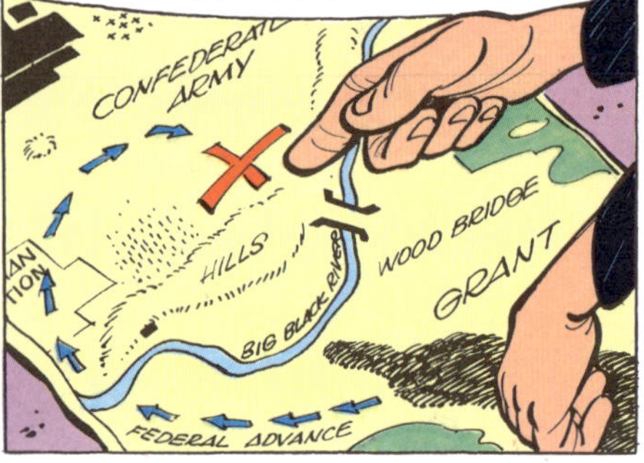
NOS ÉCLAIREURS ONT DÉCOUVERT, PLUS EN AMONT ET À PLUSIEURS MILLES D'ICI, UN PASSAGE À GUÉ! À L'HEURE QU'IL EST, NOS TROUPES DOIVENT AVOIR PASSÉ LA RIVIÈRE!
CONFEDERATE ARMY
HILLS
WOOD BRIDGE
GRANT
BIG BLACK RIVER
FEDERAL ADVANCE

NOTRE TÂCHE CONSISTE À RETENIR L'ATTENTION DE L'ENNEMI ICI, ET CE, LE PLUS LONGTEMPS POSSIBLE. IL NOUS FAUT DONC CONTINUER LES ATTAQUES COMME SI DE RIEN N'ÉTAIT
CE SERA DIFFICILE: LE PONT EST DÉTRUIT EN PARTIE!

JUSTEMENT! IL FAUT LE RÉPARER. C'EST POSSIBLE AVEC DES VOLONTAIRES COURAGEUX ET DÉCIDÉS!
32B

EXCUSEZ-MOI, MON COLONEL, MAIS JE CRAINS BIEN QUE VOUS NE TROUVIEZ PAS ICI UN HOMME ASSEZ FOU POUR...
UN? CE N'EST PAS ASSEZ! J'EN VEUX PLUSIEURS!

PEU APRÈS...
FAUT ME CROIRE, LES GARS! D'ABORD, J'AI COMMENCÉ PAR REFUSER. MAIS QUAND IL A DIT: "SERGENT! C'EST UN ORDRE!", J'AI BIEN DÛ M'INCLINER!

EN TOUT CAS, LE CAPITAINE STARK N'EST PAS FOU, LUI ! IL ROUPILLE, LUI !
DÈS QUE LE PONT SERA REMIS EN ÉTAT, IL COMMANDERA UNE NOUVELLE CHARGE DE CAVALERIE !

UNE NOUVELLE CHARGE DE ...! MAIS ? C'EST NOUS, LA CAVALERIE !
HÉ OUI ... HÉHÉ !
TILT

BLUTCH !
PAN
HA !

POLTRON !
HA, OUAIS ? J'AURAIS MIEUX FAIT DE VOUS LAISSER DÉVORER PAR LES FOURMIS !

QUOIQUE, DE TOUTE FAÇON, J'AURAIS ENCORE EU DES ENNUIS AVEC LA SOCIÉTÉ PROTECTRICE DES ANIMAUX !
BRYAN ET TRIPPS, ALLEZ RAMASSER TOUT CE QUE VOUS TROUVEREZ COMME PLANCHES !
O.K., SERGENT !

ET MAINTENANT, À NOUS DEUX, COSAQUE ! QUE DISIEZ-VOUS À PROPOS DES FOURMIS ?

ET QUELQUES MINUTES PLUS TARD...
QU'EST-CE QUI S'EST PASSÉ ?
BOF ! JE DOIS L'AVOIR PIQUÉ AU VIF !
ET MAINTENANT, AU BOULOT !
338

OBSERVEZ BIEN L'AUTRE EXTRÉMITÉ DU PONT! SI LES REBELLES SE MANIFESTENT, ARROSEZ-LES COPIEUSEMENT! ATTENTION, TIREZ À HAUTEUR D'HOMME! VU?
VU, SERGENT!

LE NIVEAU DE L'EAU N'A PAS CESSÉ D'AUGMENTER DEPUIS TANTÔT!
C'EST PAS ÉTONNANT, AVEC CE QUI TOMBE!
CHHT!

IL EST PLUS ABÎMÉ QUE JE NE LE PENSAIS!
JE ME DEMANDE SI CEUX D'EN FACE SAVENT QUE NOUS SOMMES ICI!

SOYEZ TRANQUILLE, BLUTCH. ILS LE SAVENT!
PAN PAN
PAN PAN

LES NÔTRES RIPOSTENT!
ILS APPELLENT ÇA TIRER À HAUTEUR D'HOMME, CES CRÉTINS!
HÉ BEN! ÇA VA ÊTRE GAI DE TRAVAILLER DANS DES CONDITIONS PAREILLES!
BOUM
VRRRRRRR

SI VOUS N'AVIEZ PAS EU CETTE BÊTE IDÉE D'ALLUMER LE TONNELET DE POUDRE, NOUS N'EN SERIONS PAS LÀ!
VOUS VOULEZ ENCORE MA SIGNATURE DANS LES GENCIVES, BLUTCH?
PAN PAN
PAN PAN
BOUM
LE COURANT AUGMENTE SANS CESSE. FRANCHEMENT, JE COMMENCE À ÊTRE INQUIET!

SOUDAIN...
TIENS! ILS SE SONT ARRÊTÉS DE TIRER!
TANT MIEUX! ON VA POUVOIR TRAVAILLER À L'AISE! BLUTCH, PASSEZ-MOI LE MARTEAU!
IL VIENT DE TOMBER À L'EAU!

ESPÈCE DE ...?!!
BROMBO

LE PONT QUI S'EN VA À LA NAGE!
LAISSEZ-MOI REMONTER! LAISSEZ-MOI, VITE!
BRO
MBROOMBRO

HAAA!
CRRR

KRAAAK

BON SANG ! LES MALHEUREUX ! TU LES VOIS ?
COMMENT VEUX-TU ? ILS ONT DISPARU DANS LE COURANT !

MES CAVALIERS ! OÙ SONT MES CAVALIERS ?
SOIT TUÉS PAR LES DÉCOMBRES, SOIT NOYÉS, MON CAPITAINE !

C'EST DOMMAGE ! JE SUIS CERTAIN QU'ILS AURAIENT PRÉFÉRÉ MOURIR SUR LEUR SELLE, DÉCHIQUETÉS PAR LA MITRAILLE !
VA CHERCHER LE CLAIRON ! TU SAIS QU'IL ADORE JOUER LE SALUT AUX MORTS ! C'EST LE MORCEAU QU'IL PRÉFÈRE !

SGNIF !
TU LES CONNAISSAIS ?
NON ! MAIS CHAQUE FOIS QUE J'ENTENDS CET AIR-LÀ, ÇA ME FICHE LE CAFARD !
TATATAAAAA

À PRÉSENT, LA CAVALERIE... C'EST MOI ! DEMAIN JE CHARGERAI DONC TOUT SEUL... POUR LEUR RENDRE HOMMAGE !

CEPENDANT DÉJÀ LOIN DE LÀ...
SI NOUS NOUS TIRONS DE CE MAUVAIS PAS, BLUTCH, JE PROMETS SOLENNELLEMENT DE VOUS FAIRE ENTRER DANS LES ORDRES !
ÇA VA PAS, NON ?

UNE PLAGE ! FAUT ESSAYER D'Y ACCOSTER !

PAS LA PEINE DE SE FATIGUER, ON VA DROIT DESSUS !
ET À TOUTE VITESSE ENCORE !

DOÏNG

MAIS... MAIS NOUS SOMMES...

...SAUVÉS !
BROM

LE LENDEMAIN, LE SOLEIL S'EST LEVÉ DANS UN CIEL SANS NUAGES...
QUELQUES JOUWS ENCOWE À PLOYER SOUS LA LOUWDE CHÂWGE... ♫

DOUX JÉSUS ! WEGÂ'DE, PAPA ! LÀ, EN BAS, SUW LA PLAGE ! DES SOLDATS DE MISSIÉ LINCOLN !
MISÉWICO'DE !

SI CE SONT DES CAVALIERS, DIS, PAPA, POUWQUOI ILS SONT DANS L'EAU?
CE SONT LES HAZAWDS DE LA GUEWE, FISTON! WAPPELLE-TOI CES DEUX MAWINS QUI ÉTAIENT DANS L'Â'BWE QUE NOUS AVONS ABATTU AVANT-HIÉ'!

PEU APRÈS...
PAPA! WEGÂ'DE! LE GWOS OUVWE LES YEUX!
?

QUE... QU'EST-CE QU'ON FAIT DANS CETTE CHARRETTE?
ON VOUS A WAMASSÉS LE LONG DE LA WIVIÈWE! VOUS AVIEZ L'AIW D'AVOIW FAIT PAS MAL DE CHEMIN À LA NAGE!

BON SANG! JE ME SOUVIENS, À PRÉSENT! LE PONT... L'ORAGE...
C'EST UN CAPITAINE?
NON, MON GARÇON! IL N'EST QUE SERGENT, MAIS IL EST AUSSI BÊTE!

DITES-MOI, MON VIEUX, OÙ PEUT-ON TROUVER DES CHEVAUX PAR ICI?
BEN...

IL Y A BIEN UNE WÉSÈ'VE INDIENNE À' DEUX PAS D'ICI... MAIS...
OÙ ÇA?

JUSTE DÈ'IÈWE LA COLLINE, MISSIÉ!
MEWCI! EN ROUTE, VOUS AUTRES!

QUAND JE SEWAI GWAND, JE POUWAI AUSSI FAIWE LA GUEWE, PAPA?
DIS PAS DE BÊTISES, FISTON!
VOUS CROYEZ QUE CES INDIENS VONT NOUS PRÊTER DES CHEVAUX?
SÛREMENT PAS! D'AILLEURS, JE N'AI PAS L'INTENTION DE LE LEUR DEMANDER!
38B

AU MÊME INSTANT...

APRÈS DES HEURES DE CHEVAUCHÉE...
MINCE! ÇA A DRÔLEMENT CHAUFFÉ, ICI!
POURVU QUE NOUS N'ARRIVIONS PAS TROP TARD!

HÉ, LES GARS! OÙ SE DÉROULE LA BATAILLE?
C'EST MAINTENANT QUE VOUS ARRIVEZ, VOUS AUTRES!

ELLE S'EST DÉROULÉE ICI, LA BATAILLE! MÊME QU'ON S'EST BATTUS COMME DES LIONS PENDANT QUE CERTAINS ÉTAIENT PARTIS SE PLANQUER ON NE SAIT OÙ!
OUAIS! BIEN PARLÉ, BARTON!

MAIS ALORS, TOUT EST TERMINÉ! IL N'Y A PLUS DE BATAILLE! NOUS SOMMES ARRIVÉS TROP TARD!
HÉLAS! BLUTCH, HÉLAS!

YOUPEE!

SERGENT!

M... MON GÉNÉRAL!
MAIS OÙ ÉTIEZ-VOUS? JE VOUS CROYAIS MORTS!
EMBALMING

EUH... C'EST UNE LONGUE HISTOIRE... JE...
BAH! AUCUNE IMPORTANCE. LEE A PERDU LE TIERS DE SES TROUPES GRÂCE À LA DIVERSION CRÉÉE PAR VOUS ET VOS HOMMES!

HA? ET NOS PERTES, MON GÉNÉRAL?
EUH... HM... LES DEUX TIERS! SEULEMENT, NOUS, NOUS NE NOUS SOMMES PAS REPLIÉS. JE CONSIDÈRE DONC CELA COMME UNE VICTOIRE!

JE SUPPOSE QUE VOUS SERIEZ DÉSIREUX D'AVOIR DES NOUVELLES DE CE CHER CAPITAINE STARK!
MAIS NON!
BLUTCH!

IL A CHARGÉ SEUL, COMME IL L'AVAIT PROMIS! ON L'A RELEVÉ... GRIÈVEMENT BLESSÉ!
TSSS!

IL AURA BESOIN DE REPOS! DE BEAUCOUP DE REPOS! ENTRE NOUS, CETTE DERNIÈRE BATAILLE L'A RENDU... TOCTOC!
HÉHÉ

VOUS AUSSI, D'AILLEURS!
MOI, MON GÉNÉRAL?
MAIS OUI! VOUS AVEZ BESOIN DE REPOS. VOUS ALLEZ REJOINDRE FORT BOW AVEC LE CAPITAINE STARK!

JE VAIS FAIRE PRÉVENIR LE COMMANDANT APPELTOWN DE VOTRE ARRIVÉE! BONNES VACANCES, MESSIEURS!
MERCI, MON GÉNÉRAL!

CHARGEZ!
HOHO! JE VOIS QU'ON VOUS AMÈNE CE CHER CAPITAINE STARK!

BEAUCOUP PLUS TARD...
C'EST VRAI QU'IL A L'AIR DRÔLEMENT SONNÉ!
BAH! IL NE LUI FALLAIT PLUS GRAND-CHOSE POUR QU'IL LE DEVIENNE!
CHARGEZ!
BLUTCH! RESPECTEZ CE HÉROS QUI SACRIFIA SA SANTÉ POUR LA SAUVEGARDE DE L'UNION!
HÉ! REGARDEZ!
41B

JE LES AVAIS COMPLÈTEMENT OUBLIÉS, CEUX-LÀ !

SURTOUT PAS UN MOT, PAS UN GESTE QUI PUISSENT LES EFFRAYER. JE VAIS ESSAYER DE LEUR PARLER !
BONNE CHANCE, SERGENT !

QU'EST-CE QU'IL VA LEUR DIRE ?
MAIS QU'EST-CE QUE JE VAIS LEUR DIRE, MOI ?
LA TUNIQUE BLEUE A-T-ELLE LA CONSCIENCE AUSSI TRANQUILL QUE CELLE D'UN NOUVEAU-NÉ, QU'ELLE OSE AINSI S'AVANCER VERS KÉBOUYAH ?

QUE KÉBOUYAH M'ÉCOUTE... EUH... HM ! SES CHEVAUX, JE NE LES LUI AI PAS VOLÉS. SEULEMENT EMPRUNTÉS, EUH... POUR TRANSPORTER UN BLESSÉ !
UN BLESSÉ ? ALORS POURQUOI QUATRE CHEVAUX ?

QUATRE... HA ? EUH... C'EST UN GRAND BLESSÉ ! TRIPPS, APPROCHEZ AVEC LUI, ESPÈCE D'AHURI !
LA TUNIQUE BLEUE MENT ! SA LANGUE BAFOUILLE ET SES DENTS CLIQUETTENT !

ET ÇA ? C'EST PAS UN BLESSÉ, ÇA ? HEIN ? HEIN ?
HMM...

CHARGEZ !
AÏE !
42B

PAR LES CENDRES DE MES ANCÊTRES, JE VOUS JURE QUE VOUS ME PAIEREZ TOUS CET AFFRONT!
CHARGEZ!
JE MÉRITERAIS DES BAFFES!
HA,OUI?

JE VOUS APPRENDRAI À GIFLER UN SUPÉRIEUR, MOI!
T'AURAIS PAS DÛ FAIRE ÇA, BLUTCH!

À PARTIR DE MAINTENANT, IL FAUDRA ALLER VITE, LES GARS... DANS MOINS D'UNE HEURE, NOUS RISQUONS D'AVOIR TOUTE LA TRIBU SUR LE DOS!

ET BEAUCOUP, BEAUCOUP PLUS TARD...
CHARGEZ!

À FORT BOW...
D'APRÈS LE MESSAGE QUE J'AI REÇU, ILS NE DEVRAIENT PLUS TARDER, MAINTENANT!
FORT BOW

MESSIEURS, APPRÊTONS-NOUS À RECEVOIR DIGNEMENT NOS HÉROS!

SERGENT ! J'AURAIS ENCORE COMPRIS SI VOUS AVIEZ RAMENÉ UN RÉGIMENT SUDISTE SOUS NOS PALISSADES. PARCE QU'EUX, AU MOINS, NOUS ONT DÉCLARÉ LA GUERRE ! MAIS LES INDIENS CHEROKEES, AVEC **LESQUELS** NOUS SOMMES EN PAIX DEPUIS **47 ANS**, J'AVOUE NE PAS TRÈS BIEN COMPRENDRE !

EUH... C'EST TOUTE UNE HISTOIRE, MON COMMANDANT !

SILENCE ! TIREZ ! VOUS VOUS EXPLIQUEREZ APRÈS CRÉTIN !

PAW PAW PAW PAW PAW PAW PAW PAW PAW PAW PAW PAW PAW PAW PAW PAW PAW PAW PAW PAW PAW PAW

FORT BOW

FIN

Salvérius + Cauvin

Chaque semaine, c'est la même histoire :
ils se battent... pour lire SPIROU !

LES TUNIQUES BLEUES N°1
UN CHARIOT DANS L'OUEST
DUPUIS
LES TUNIQUES BLEUES N°2
DU NORD AU SUD
DUPUIS
LES TUNIQUES BLEUES N°5
LES DÉSERTEURS
DUPUIS
LES CAVALIERS DU CIEL
DUPUIS
LES TUNIQUES BLEUES N°9
LA GRANDE PATROUILLE
DUPUIS
DES BLEUS ET DES TUNIQUE
DUPUIS
Sitka
Reine Charlotte
I.Van
LES TUNIQUES BLEUES N°49
MARIAGE À FORT BOW
DUPUIS
LES TUNIQUES BLEUES N°18
BLUE RETRO
DUPUIS
LES TUNIQUES BLEUES N°33
GRUMBLER ET FILS
LES TUNIQUES BLEUES N°36
QUANTRILL
DUPUIS
Nelson
LES TUNIQUES BLEUES N°34
VERTES ANNÉES
DUPUIS
ÉTATS-UNI
Chicago
St Louis
S. Francisco
6200
A N
LES TUNIQUES BLEUES N°44
L'OREILLE DE LINCOLN
DUPUIS
5600
Colorado
R. del Norte
N. Orléa
M. du Me
3500
Tropique du Cancer
LES TUNIQUES BLEUES N°41
LES BLEUS EN CAVALE
WANTED
WANTED
LES TUNIQUES BLEUES N°4
OUTLAW
TAC TAC TAC
DUPUIS
LES TUNIQUES BLEUES N°17
EL PADRE
DUPUIS
LES TUNIQUES BLEUES N°3
ET POUR QUINZE CENTS DOLLARS EN PLUS
DUPUIS
LES TUNIQUES BLEUES N°20
BLACK FACE
DUPUIS
Vera Cruz
Hawaii (Et.U.)
Q
LES TUNIQUES BLEUES N°21
LES CINQ SALOPARDS
DUPUIS
LES TUNIQUES BLEUES N°22
DES BLEUS ET DES DENTELLES
DUPUIS
LES TUNIQUES BLEUES N°24
BABY BLUE
DUPUIS
LES TUNIQUES BLEUES N°28
LES BLEUS DE LA BALLE
LES TUNIQUES BLEUES N°29
EN AVANT L'AMNÉSIQUE!
DUPUIS
LES TUNIQUES BLEUES
DRUMMER BOY
DUPUIS